Guaridas

Julie Murray

Abdo Kids Junior es una
subdivisión de Abdo Kids
abdobooks.com

Abdo
CASAS DE ANIMALES
Kids

abdobooks.com

Published by Abdo Kids, a division of ABDO, P.O. Box 398166, Minneapolis, Minnesota 55439.

Printed in the United States of America, North Mankato, Minnesota.

102019

012020

Spanish Translator: Maria Puchol

Photo Credits: iStock, Shutterstock

Production Contributors: Teddy Borth, Jennie Forsberg, Grace Hansen

Design Contributors: Christina Doffing, Candice Keimig, Dorothy Toth

Library of Congress Control Number: 2019944031

Publisher's Cataloging-in-Publication Data

Names: Murray, Julie, author.

Title: Guaridas/ by Julie Murray.

Other title: Dens. Spanish

Description: Minneapolis, Minnesota: Abdo Kids, 2020. | Series: Casas de animales | Includes online resources and index.

Identifiers: ISBN 9781098200626 (lib.bdg.) | ISBN 9781644943700 (pbk.) | ISBN 9781098201609 (ebook)

Subjects: LCSH: Animal housing--Juvenile literature. | Dens (Animal habitations)--Juvenile literature. | Denning (Animal behavior)--Juvenile literature. | Animals--Habitations--Juvenile literature. | Spanish language materials--Juvenile literature.

Classification: DDC 591.564--dc23

Contenido

Guaridas

Muchos animales viven
en guaridas.

Una guarida es un
lugar escondido.

7

Puede estar en un árbol o en un **tronco**, o también entre rocas.

Algunos animales usan varias guaridas.

Los zorros viven en *guaridas*.

Ahí tienen a sus crías.

Las mofetas viven en guaridas. Hacen un nido. Usan pasto y hojas.

El lobo tiene a sus **cachorros** en una guarida. ¡La guaridad puede medir 14 pies (4.3 m) de largo!

Los mapaches viven en guaridas. Está dentro de un tronco de un árbol.

El oso polar está en una guarida. ¡La ha hecho en la nieve!

¿Quién vive en guaridas?

hienas moteadas

hurones

marmotas

tejones

Glosario

cachorro
cría de animal, por ejemplo de los zorros y los lobos.

tronco
parte grande y gruesa de un árbol, que ha sido cortada o se ha roto.

Índice

ABDO
Abdo Kids
ONLINE
FREE! ONLINE MULTIMEDIA RESOURCES

Usa este código Abdo Kids
ADK5236
¡o escanea este código QR!